LETTRES PATENTES

SUR ARREST

DU CONSEIL D'ETAT

DU ROY,

Servans de Réglement pour les Brasseurs de la Ville &
Fauxbourgs de Paris, Sous-Fermiers des droits qui
se perçoivent sur les Bierres.

Données à Versailles le 26. Mars 1748.

Enregistrées en la Cour des Aydes le 6. May 1748.

A PARIS,

Chez la Veuve DELATOUR, Imprimeur de la Cour des
Aydes, & de la Ferme Générale des Postes, ruë
de la Harpe, aux trois Rois.

M. DCC. XLVIII.

LETTRES PATENTES
SUR ARREST
DU CONSEIL D'ETAT
DU ROY,

Servans de Réglement pour les Braſſeurs de la Ville &
Fauxbourgs de Paris, Sous-Fermiers des droits qui
ſe perçoivent ſur les Bierres.

Données à Verſailles le 26. Mars 1748.

Enregiſtrées en la Cour des Aydes le 6. May 1748.

OUIS, par la grace de Dieu , Roi de France
& de Navarre : A nos amez & féaux Conſeillers,
les gens tenáns notre Cour des Aydes à Paris ;
SALUT. Nous étant fait repréſenter en notre
Conſeil , l'Arrêt rendu en icelui le quinze Août
mil ſept cént quarante ſept , portant que toutes
les conteſtations qui naîtroient dans la ſuite dans
la Communauté des Maîtres Braſſeurs de Bier-
res à Paris , même celles ſur leſquelles il y avoit eu des procédures commencées devant le ſieur Feydeau de Marville , Commiſſaire nommé par l'Arrêt de notre Conſeil du neuf Septembre mil

A ij

sept cent quarante-deux, qui n'avoient point été décidées, seroient portées devant les Juges qui en doivent connoître, comme auparavant ledit Arrêt ; & étant d'ailleurs informé que les contestations concernant la régie & administration de la sous-Ferme des Aydes, des octrois & des droits appartenans aux Offices de Visiteurs, Essayeurs, Controlleurs & Inspecteurs des Bierres, avoient été portées en la Cour des Aydes de Paris, & qu'à cette occasion les Maîtres Brasseurs qui paroissoient divisés, avoient, dans la vûe de se réunir, & d'assûrer une bonne & exacte régie, déterminé de travailler à un nouveau projet de Réglement, qui renfermât, non-seulement, les précédentes délibérations homologuées par Arrêt du Conseil, concernant la régie, mais qui contiendroit des dispositions particuliéres nécessaires à une plus exacte régie, auxquelles il n'avoit point encore été pourvû, & que pour en faire la rédaction les deux partis qui se trouvent dans la Communauté, s'étoient servis de chacun un Conseil, & avoient nommé six Maîtres d'entr'eux, qui avoient respectivement fourni des Mémoires sur lesquels ce nouveau projet contenant trente-huit Articles, a été dressé après plusieurs Conférences, & après avoir été approuvé unanimement, qu'il a même été pris à cet effet le trente Janvier dernier, une délibération de la Communauté qui l'approuve, & qui autorise les Régisseurs à obtenir nos Lettres-Patentes, & à en suivre l'Enregistrement en notre Cour des Aydes : cependant Louis François, & Jean-Marie de Bourneüil, tous deux Maîtres Brasseurs, avoient fait signifier le même jour trente Janvier, un Acte, par lequel ils ont déclaré qu'ils s'opposoient à toutes délibérations, & à ce qu'il fut fait un nouveau Réglement relatif à la régie, jusqu'à ce qu'il en eut été préalablement référé & communiqué au Châtelet & au Parlement de Paris, ainsi qu'à toutes homologations qui en pourroient être poursuivies ; & le trente-un du même mois de Janvier, Claude Poissant, Louis le Trogneux, Pierre François, aussi Maîtres Brasseurs, & autres, se disans être au nombre de vingt Maîtres, & quatre Veuves de Maîtres dénommés & parties dans une prétendue délibération en forme d'Acte d'union & association entr'eux, passée hors du Bureau, & devant Tournois Notaire au Châtelet de Paris le vingt-neuf Novembre mil sept cent quarante-six, ont fait assigner les quatre Regisseurs actuels des droits sur les Bierres en la Cour des Aydes, en vertu d'une Requête qu'ils y avoient présentée, TENDANTE à être reçûs opposans à deux délibérations de ladite Communauté, des sept Décembre mil sept cent quarante-trois, & seize Juillet mil sept cent quarante-quatre, que faisant droit sur leur opposition & sans avoir égard auxdites Délibérations, il fut ordonné que tous & un chacun les Maîtres composant ladite Communauté, seroient censés & réputés audit titre indistinctement associés au sous-Bail actuel de nos droits, & de ceux de la Ville sur les Bierres, ainsi qu'à tous autres Baux qui pourroient par la suite être faits ou renouvellés, le tout tant à perte qu'à profit, sauf à ceux desdits Maîtres qui prétendent & qui justifieront avoir fait quelque contribution de mise de fonds, en vertu des délibérations, de les retirer de la Caisse de la Communauté, si fait n'a été, avant toute répartition; & qu'au surplus ils consentoient que les profits des précédentes années, si aucuns il y avoit, en demeurent acquis à ceux des Maîtres qui avoient faits lesdits fonds, & que les Maîtres exclus n'y pussent prendre part comme par le passé, qu'à compter du premier Octobre dernier que commence l'année courante : comme aussi qu'à tous égards & dans tous les cas, tous les Maîtres de la Communauté indistinctement seroient appellés, auroient séance & voix délibérative à toutes les assemblées concernant les affaires de la Régie, Election des Régisseurs, Nomination de Caissier, Commis & Officiers d'icelle. Que postérieurement à cette Requête lesdits François de Bourneüil & Consorts en avoient fait signifier une seconde le trois Février suivant, où ils prennent de plus amples conclusions, TENDANTE, non-seulement, à faire révoquer le projet de Réglement du trente Janvier dernier, mais à se faire payer de prétendus frais, avances, dépenses, & faux frais, qu'ils disent avoir faits pour la révocation de l'attribution portée par l'Arrêt du Conseil du neuf Septembre mil sept cent quarante-deux, & le renvoy des contestations de la Communauté devant les Juges qui en doivent connoître, suivant les Mémoires qu'ils en fourniront, d'eux certifiez véritables, & ce sur les deniers provenans de la régie étant en caisse. Qu'ils ont encore fait signifier le même jour trois Février, au sieur Procureur Général de notre Cour des Aydes, leur opposition à l'Enregistrement de tous Réglemens : & nous étant fait rendre compte, tant de la délibération du sept Décembre mil sept cent quarante-trois à laquelle lesdits Poissant, François de Bourneüil & Consorts, ont consenti, & qu'ils ont signés, laquelle a été homologuée par Arrêt du Conseil du dix-neuf Juin mil sept cent quarante-quatre, que de celle du trente Janvier dernier, qui ne renferme que des dispositions

& des arrangemens pour une plus exacte régie, auxquelles ils ont d'abord confenti, & dont ils ne veulent s'écarter que pour éluder le payement des droits établis fur les Bierres ; ces confentemens & approbation, rendant ledit Poiffant, François de Bourneüil & Conforts, non recevables dans leurs oppofitions & demandes portées par leurs différentes Requêtes ; & de telles démarches de leur part étant peu mefurées & tendantes à la ruine de la Communauté des Maîtres Braffeurs, & pouvant devenir dans la fuite préjudiciables aux droits d'Aydes fur les Bierres, & autres auxquelles elles font affujéties, ce que voulant prévenir & arrêter dans fa fource, Nous avons jugé à propos d'expliquer nos intentions, tant pour ce qui concerne les oppofitions & demandes defdits Bourneüil, Poiffant, François, & Conforts, que par rapport à la compétence des Juges qui doivent connoître des conteftations qui furviendront concernant la régie & adminiftration de la fous-Ferme des Aydes fur les Bierres, des octrois & des droits appartenans aux Offices de Vifiteurs, Effayeurs, Controlleurs & Infpecteurs des Bierres, ce que Nous avons fait par l'Arrêt que Nous avons fait rendre ce jourd'hui en notre Confeil, & pour l'exécution duquel Nous avons ordonné que toutes Lettres néceffaires feront expédiées. A CES CAUSES, de l'avis de notre Confeil qui a vû ledit Arrêt ci-attaché fous le contre-fcel de notre Chancellerie, fans avoir égard aux oppofitions defdits Poiffant, François de Bourneüil, & Conforts, des trente Janvier & trois Février mil fept cent quarante-huit, ni à leurs Requêtes des trente-un defdits mois de Janvier & trois Février dernier, dont ils demeureront déboutés, ainfi que de toutes autres oppofitions & Requêtes qu'ils pourroient préfenter contraires aux fufdites délibérations, en conféquence & en homologuant ladite délibération du trente Janvier dernier, pour être exécutée felon fa forme & teneur; ce faifant Nous avons ordonné, & par ces Préfentes fignées de notre main, Ordonnons ce qui fuit.

A R T I C L E P R E M I E R.

Régiffeurs.

ON continuera de faire régir la fous-Ferme de nos droits fur les Bierres, celle des octrois, & les droits attribués aux Offices de Vifiteurs, Effayeurs & Controlleurs des Bierres, par quatre Maîtres Braffeurs intéreffés aux Baux qui feront élus Regiffeurs, ainfi qu'il a été fait jufqu'à préfent.

Article II.

Il sera fait chaque année une assemblée de tous les intéressés aux Baux, pour procéder à l'Election de deux nouveaux Regisseurs ainsi qu'il a été fait par la délibération du deux Janvier dernier, c'est-à-dire, que des quatre qui sont en place, les deux anciens sortiront de la régie, & les deux autres continueront la régie pendant le cours de l'année suivante avec les deux nouveaux qui feront lors élûs, & ainsi d'année en année, ensorte que les deux Regisseurs nouvellement élus, demeureront chargés de la régie pendant deux années de suite.

Forme de l'Election des Régisseurs.

Article III.

On ne pourra élire pour Regisseurs ceux qui seront actuellement dans la Jurande, & on ne pourra élire pour Jurés ceux qui font actuellement chargés de la régie, afin que les Regisseurs puissent vacquer avec plus d'attention aux fonctions de la régie.

Election des Régisseurs.

Article IV.

Les quatre Regisseurs s'assembleront une fois la semaine au Bureau, pour y délibérer entr'eux des affaires de la régie, & sur les Procès-verbaux qui leur seront rapportés par les Commis ; & les affaires seront suivies ou abandonnées, conformément aux résultats desdits Régisseurs, conjointement avec le Conseil de la régie, dont il sera fait Acte sur le Regître des délibérations ; & tous les Procès-verbaux seront conservés & remis dans l'armoire de la compagnie sans qu'ils puissent être supprimés.

Travail des Régisseurs.

Article V.

Les quatre Regisseurs nommeront chaque semaine cinq Inspecteurs du nombre des autres Brasseurs intéressés aux Baux, ainsi qu'il s'est pratiqué par le passé ; sçavoir, un pour le Fauxbourg S. Germain, deux pour le Fauxbourg S. Antoine, & deux pour les Fauxbourgs S. Marcel & S. Victor, lesquels Inspecteurs demeureront autorisés de se transporter dans les Brasseries pour y suivre, ainsi que les Regisseurs, l'exercice des Commis, & y faire

Inspecteurs, leurs fonctions.

des vifitcs , foit cn particulier, foit avec les Commis, dans toutes les maifons des Braffeurs & lieux en dépendans, à telles heures qu'ils jugeront néceffaires, avec défenfes à tous Braffeurs, & à leurs garçons dont les Maîtres feront refponfables, de troubler les Régiffeurs, Infpecteurs, & Commis dans leurs fonctions, fous peine de cinq cent livres d'amende.

ARTICLE VI.

Frais de ré-gie & gratifi-cations.

IL fera par la Compagnie fait un état des frais de régie & gratifications ordinaires qui fervira de régle pour les dépenfes que le Caiffier fera autorifé de payer fur les ordres des Regiffeurs. Les gratifications ordinaires feront accordées par les Regiffeurs à la pluralité des voix, & en cas de partage entr'eux, ils appelleront les Jurés pour les départager. A l'égard de la dépenfe extraordinaire concernant la régie & les gratifications extraordinaires & autres, elles feront réglées par les quatre Régiffeurs, & les trois Jurés.

ARTICLE VII.

Nombre des Commis aux exercices.

LE nombre des Commis fera fixé à neuf, outre le Caiffier-Directeur, & un Ambulant ; fçavoir, trois pour le département du Fauxbourg Saint Antoine, deux pour celui du Fauxbourg Saint Germain, & quatre pour ceux de Saint Victor & Saint Marcel qui feront réunis en un feul ; & à cet effet fera établi un Bureau pour les Commis, dans le lieu le plus commode & le plus à portée des Brafferies des Fauxbourgs Saint Victor & Saint Marcel.

ARTICLE VIII.

Nomination des Commis.

LA nomination des Commis appartiendra aux Régiffeurs qui en feront le choix entr'eux à la pluralité des voix ; & en cas de partage des voix, ils appelleront avec eux les trois Jurés pour faire ladite nomination, laquelle audit cas paffera à la pluralité des voix entre les Régiffeurs & les Jurés.

ARTICLE IX.

Interdiction & deftitution des Commis.

LES Régiffeurs pourront interdire les Commis pour tel tems & tel cas qu'ils le jugeront à propos, fans y appeller les Jurés, fi

ce

ce n'eſt qu'ils fuſſent partagés entr'eux ; auquel cas ils feront tenus d'appeller les Jurés pour les départager comme dans l'article
précédent : mais ils feront tenus d'appeller les Jurés pour deſtituer
entierement les Commis qui feront en place, afin d'en délibérer
entr'eux à la pluralité des voix.

ARTICLE X.

LES Regiſſeurs ne pourront nommer aucun Commis par anticipation, mais feulement lorſqu'une des places fera vacante.

ARTICLE XI.

IL n'y aura d'intéreſſé dans les Baux des fous-Fermes & des
octrois que les Maîtres & Veuves de Maîtres qui ont train de
Braſſerie, qui ont fait leurs fonds dans leſdits Baux, fuivant & conformément aux délibérations des fept Décembre mil fept cent
quarante-trois, & feize Juillet mil fept cent quarante-quatre.

ARTICLE XII.

NUL ne fera réputé avoir train de Braſſerie qu'il n'ait braſſé
au moins deux cens muids de Bierre dans le courant de l'année,
à commencer du premier Octobre dernier, juſqu'au dernier Septembre prochain, & ainſi d'année en année.

ARTICLE XIII.

NE feront pareillement réputés avoir train de Braſſerie, les enfans de Maîtres, qu'ils ne foient âgés de vingt ans accomplis,
qu'ils ne faſſent commerce féparé de celui de leurs pere & mere,
que leur Braſſerie particuliere ne foit dans une autre maiſon, &
féparée de la Braſſerie de leurs pere & mere au moins par deux
maiſons, & qu'ils n'habitent réellement & de fait dans la maiſon
où ils font leurs Braſſins ; à l'exception des anciennes Braſſeries
établies avant vingt ans, leſquelles quoi que mitoyennes, pourront fubfifter & être occupées par des enfans qui auront leur pere
& mere à côté d'eux, à la charge ; 1°. Que les enfans habiteront
en perſonne la Braſſerie avec les garçons fervants à ladite Braſſerie & à leurs gages ; 2°. Qu'ils ne pourront fe fervir du train de

B

Brafferie ni des domeftiques, chevaux & harnois appartenans & fervans à la Brafferie de leur pere & mere ; 3ᵉ. Qu'il n'y aura aucune communication ni iffûe entre les deux Brafferies.

ARTICLE XIV.

Enfans des Maîtres.

On n'admettera point pareillement pour l'avenir auxdits Baux, les enfans de Maîtres, s'ils ne font âgés pour le moins de vingt ans accomplis, ou émancipés par mariage, & s'ils n'ont train de Brafferie féparé de celui de leurs pere & mere, fuivant l'article ci-deffus ; & néanmoins le fils d'un Braffeur âgé de douze ans, & reçu ou fe faifant recevoir Braffeur en cas de décès de fon pere & de fa mere, pourra être admis aux Baux, en foufcrivant par le Tuteur qui lui fera nommé en Juftice & avec l'avis de fes parens, les engagemens contractés pour raifon defdits Baux ; fans néanmoins qu'il puiffe être admis aux délibérations concernant la régie, qu'il ne foit âgé de vingt ans accomplis, fuivant l'article ci-deffus, encore bien qu'il fut émancipé, même par mariage.

ARTICLE XV.

Qui font ceux qui auront part aux répartitions.

Les Maîtres qui n'auront pas braffé deux cent muids de Bierre dans l'année, ne feront point admis au profit de la répartition de la Ferme, encore qu'ils foient intéreffés auxdits Baux ; mais fi l'année fuivante ils braffent deux cens muids, ils y feront admis : & où il y auroit de la perte dans ladite année où le Braffeur n'aura pas braffé deux cent muids, en ce cas, la portion qu'il doit fupporter de la perte, fera prife fur fon fond d'avance, & il fera obligé de remplacer ce qui manquera de fon fond, & ce dans le mois, à compter du jour de la dénonciation qui lui fera faite à la Requête des Régiffeurs, de l'arrêté du compte de ladite année, finon il demeurera déchu du Bail, & le furplus de fon fond lui fera rendu.

ALTICLE XVI.

Le Braffeur ne fera aucun autre commerce.

Les Maîtres qui font ou feront attachés à un autre Commerce que celui de la Brafferie ; & notamment ceux qui tiendront fabrique de cidre & de poirée, feront exclus des Baux.

ARTICLE XVII.

LES Maîtres qui ne font point intereffés dans les Baux de la fous-Ferme & des octrois, faute d'avoir fait leurs fonds fuivant l'article onze, & les délibérations énoncées audit article, ne feront pour ce exclus des droits des offices d'Effayeurs, Controlleurs, & Vifiteurs des Bierres ; mais l'exclufion des Baux pour les autres cas mentionnés ci-après, & la déchéance du profit annuel d'iceux, emportera pareillement l'exclufion & déchéance dans les droits defdits Offices.

Droits des Offices d'Ef-fayeurs, &c.

ARTICLE XVIII.

IL ne fera appellé aux affemblées, foit pour l'Election des Régiffeurs, nomination d'un Caiffier ou autres affaires concernant la régie, que les Maîtres intéreffés aux Baux, & qui n'en auront point été exclus pour les caufes mentionnées aux articles ci-après ; & les Billets de convocation contiendront la caufe pour laquelle la convocation doit être faite, & toutes délibérations qui feroient prifes ailleurs qu'au Bureau, demeureront nulles & de nul effet.

Affemblées ; billets de convocation & délibérations.

ARTICLE XIX.

NE feront pareillement admis auxdites délibérations, ceux des Maîtres qui font attachés à d'autre commerce que celui de la Brafferie, ou qui ne braffent pas d'ordinaire au moins deux cent muids de Bierre par an.

Délibérations, Affemblées.

ARTICLE XX.

LES Maîtres qui n'auront point atteint l'âge de vingt ans, quoiqu'ils foient intéreffés aux Baux, & quoi qu'ils ayent train de Brafferie, ne pourront être appellés aux affemblées ; & à l'égard des Veuves qui ont continué leur commerce depuis la mort de leur mari, elles feront feulement appellées aux affemblées dans lefquelles il s'agira de renouvellement de Baux, & de prendre des engagemens nouveaux & folidaires avec les autres intéreffés aux Baux.

Affemblées.

ARTICLE XXI.

DANS toutes les affemblées où il fera uniquement queftion de traiter des affaires concernant les Offices d'Effayeurs des Bierres, de la reddition des comptes des droits attribués auxdits Offices ; feront appellés tous les Maitres qui ont train de Brafferie, quoi que non intéreffés aux Baux.

ARTICLE XXII.

LES Maîtres feront tenus de fe trouver aux affemblées à l'heu-re qui fera indiquée par les Billets de convocation, s'ils n'ont au-cun empêchement légitime, dont ils informeront l'affemblée ; & tout ce qui aura été délibéré par les Maîtres préfens, vaudra com-me fi tous les Maîtres avoient délibéré, pourvû que ladite délibé-ration foit fignée au moins de dix des Maîtres qui y auront été préfens.

ARTICLE XXIII.

LORSQUE quelques-uns des Maîtres cauferont du trouble dans les affemblées ; les Maîtres préfens, pourvû qu'ils foient au nombre de dix, pourront délibérer fur le Regiftre, que celui qui aura caufé du trouble fera exclus des affemblées pendant l'efpace de trois mois, & en cas de récidive, pour fix mois, & dès-lors le-dit Maître n'y fera plus reçu, & fera privé de voix délibérative pendant ledit tems.

ARTICLE XXIV.

LES Maîtres feront tenus de payer exactement & indiftincte-ment tous les droits fur les Bierres qu'ils auront braffées, & ce, de mois en mois ; enforte que dans la quinzaine après le mois qui fuivra celui pendant lequel les braffins auront été faits, tout ledit mois dû, fera payé ; mais à l'égard des Bierres qui feront braffées dans les mois de Février, Mars & Avril, ledit délai fera prorogé de quinzaine, enforte que tous les droits pour les Bierres braffées dans le mois de Février, foient payés dans le courant du mois d'Avril, que pour celles qui feront braffées dans le mois de Mars, ils foient payés dans le courant du mois de May, & que pour cel-les qui feront braffées dans le mois d'Avril, ils foient entiérement payés dans le mois de Juin fuivant.

ARTICLE XXV.

LES Maîtres qui n'auront point payé les droits dans les délais portés en l'article précédent, feront déchus de plein droit du bénéfice de la répartition du produit des fous-Baux pendant l'année, & feront privés de toute voix active & paffive dans les affemblées pendant ladite année, fans que ladite peine puiffe être réputée comminatoire, mais de rigueur abfolüe après lefdits délais expirés.

Peine du défaut de payement des droits.

ARTICLE XXVI.

OUTRE la déchéance portée dans l'article précédent à l'expiration des termes ci-deffus, les Régiffeurs feront tenus de faire un commandement aux Maîtres qui n'auront pas payé les droits par eux dûs, d'y fatisfaire ; & faute par lefdits Maîtres d'acquitter les droits dans la huitaine du jour du commandement, ils ne pourront braffer aucune Bierre, & toute déclaration leur fera refufée, jufqu'à ce qu'ils ayent entiérement payé les droits par eux dûs ; le tout fans préjudice des conrraintes qui pourront être décernées & exécutées contre les débiteurs defdits droits, en la maniére ordinaire.

Idem.

ARTICLE XXVII.

POUR procurer l'exécution pleine & entiére des précédens articles, à l'expiration des délais portés par l'article vingt-quatre, les Régiffeurs feront faire par le Caiffier un état de ceux qui n'auront pas fatisfait au payement des droits ; lequel état fera certifié par ledit Caiffier, vifé par les Régiffeurs & les Jurés qui feront appellés à cet effet ; & feront tenus lefdits Régiffeurs de faire exécuter indiftinctement contre tous les Maîtres le contenu aux précédens articles, notamment en ce qui concerne la ceffation de la Brafferie, à peine de tous dépens, dommages & intérêts, même de deftitution contre les Régiffeurs, s'il y échet.

Obligation des Regiffeurs contre les redevables des droits.

ARTICLE XXVIII.

ET afin que les Régiffeurs montrent les premiers l'exemple aux autres Maîtres, il fera tenu par le Caiffier, un petit regiftre, fur lequel fera infcrit par chaque mois le produit des droits dûs

Peine contre les Regiffeurs faute de payement des droits.

par chacun defdits Régiffeurs , en marge duquel feront tranfcrits les payemens par eux faits , rélativement au Regiftre Journal du Caiffier , & qui fera vérifié & conftaté par les Jurés de la Communauté , au commencement de chaque mois ; & feront lefdits Régiffeurs , en cas de défaut de payement , foumis aux peines établies ci-devant contre les autres redevables , & en outre deftitués de la régie , & feront pourfuivis à cet effet à la Requête des Jurés de la Communauté qui y feront autorifés.

ARTICLE XXIX.

Reddition des comptes par le Caiffier. LE Receveur rendra chaque année deux comptes particuliers, dont celui qui renfermera le produit des Baux de la fous-Ferme & des octrois , fera rendu dans le courant du mois de Décembre de chaque année ; & l'autre qui contiendra le produit des droits des Offices d'effayeurs , fera rendu dans le courant du mois de Mars , après l'expiration de l'année ; & feront les frais de régie portés en dépenfe dans lefdits comptes , au prorata de la perception defdits droits ; & à l'égard des autres frais , tels que les loyers de Bureau , bois , lumiere , & autres frais , ils feront payés ; fçavoir , moitié par les intéreffés aux Baux , un quart par les Effayeurs , & l'autre quart par la Communauté.

ARTICLE XXX.

Déclarations. LES Braffeurs en faifant leurs déclarations par écrit de la quantité des chaudieres où ils entendent braffer , feront tenus de faire mention dans leurs déclarations , s'ils entendent braffer en Bierre rouge , ou blanche , & le Directeur & les Commis ne recevront d'autres déclarations que celles qui feront mention de cette diftinction , à peine d'interdiction contre les Commis ; & foit que les Braffeurs ayent déclaré braffer dans une ou dans deux chaudieres , il leur fera permis d'allumer du feu fous une feconde , & fous une troifiéme , à condition que lorfqu'ils brafferont en Bierre blanche , ils ne pourront dépofer ni recuire la liqueur que dans les mêmes chaudieres où ils auront déclaré braffer ; & lorfqu'ils Brafferont en Bierre rouge , ils pourront faire recuire la liqueur dans une chaudiere de plus que celle où celles dans lefquelles ils auront déclaré braffer : & néanmoins ils feront tenus de faire rentrer toute la liqueur dans les chaudieres où ils auront déclaré

braffer le lendemain de la mife de feu avant trois heures de relevée , à peine contre les contrevenans de confifcation & de cent
livres d'amende ; fera néanmoins permis aux Braffeurs de changer leur Déclaration de braffer en bierre rouge ou blanche , en
avertiffant le Directeur au Bureau dans les fix heures qui fuivront
celle de la Déclaration de mife de feu.

ARTICLE XXXI.

LES Braffeurs qui voudront faire de la petite Bierre , feront
tenus lors des avertiffemens qu'ils donneront de l'heure qu'ils mettront le feu fous leurs chaudieres & de l'entonnement , de déclarer par le même Acte qu'ils entendent faire de la petite Bierre fur le même feu , & l'heure de l'entonnement de la petite
Bierre ; auquel cas ils pourront faire ladite petite Bierre en telle
quantité qu'ils jugeront à propos , en payant les droits auxquels
ladite petite Bierre eft fujette fur le pied de l'entonnement feulement ; à condition néanmoins qu'elle ne pourra être dépofée
pour recuire que dans une des Chaudieres où on aura déclaré
braffer ; fans que ladite petite Bierre puiffe fervir à parfaire
l'Epallement de la forte Bierre ; le tout fous les peines portées par le
précédent Article.

Déclara-tions pour la petite Bierre.

ARTICLE XXXII.

LES Braffeurs ne pourront entonner leurs Bierres qu'aux heures portées par l'Ordonnance & en préfence des Commis ; & néanmoins dans le cas , où par un tems froid ils feroient forcés d'entonner une heure avant l'arrivée des Commis , ils ne pourront
commencer l'entonnement fans en avoir averti le Régiffeur du
quartier , ou à fon défaut l'Infpecteur, fous les peines de l'Article précédent ; & dans le cas où le Braffeur feroit forcé de retarder fon entonnement jufqu'après le départ des Commis, le Braffin fera évalué par les Commis au plus fort produit des entonnemens qu'il aura fait pendant le cours de l'année ; & les Commis feront dans le lendemain le recollement dudit Braffin évalué,
pour charger le Maître de l'excédent s'il y en a.

Entonne-ment.

ARTICLE XXXIII.

LORSQUE l'entonnement fera fait, les piéces feront remplies fans

Rempliffage.

que l'on puiſſe employer au rempliſſage plus de dix pintes de liqueur, & ſans qu'il puiſſe en être verſé dans les Baquets, Geullebés & autres vaiſſeaux ; & dans le cas où les Commis n'auroient
pas pû être préſens à l'entonnement, ils feront tenus de faire
purer le Baquet qui leur paroîtra le plus plein, pour remettre la
liqueur qui en ſera purée dans la piéce dont elle ſera ſortie, &
ſi après la piéce remplie il ſe trouvoit plus de huit à dix pintes
de reſte, ce reſte ſera évalué & confiſqué, & le Braſſeur condamné en cent livres d'amende.

Article XXXIV.

Démarque &
enlevement
des Bierres.

Ne pourront les Braſſeurs faire enlever les Bierres de chez eux,
ſi elles ne ſont démarquées ; & néanmoins chaque Maître Braſſeur pourra avoir chez lui juſqu'à dix-huit piéces de Bierre démarquées, qui lui reſteront le ſoir après la retraite des Commis
pour lui faciliter la plus prompte livraiſon, deſquelles démarques
le Commis fera mention ſur ſa feüille, bien entendu que les Maîtres Braſſeurs vendant en détail ne pourront avoir dans leurs caves & autres Magaſins de détail aucunes Bierres démarquées ;
mais toutes en plein ; le tout aux mêmes peines que deſſus.

Article XXXV.

Bierres re-
venant de la
Ville.

Les Braſſeurs ne pourront avoir chez eux des Bierres revenant
de la Ville, ſans en avertir les Commis, au moment, où tout au
moins, dans les vingt-quatre heures de leur arrivée, pour être leſdites Bierres repriſes en venüe par les Commis ; & en cas que le
Braſſeur juge à propos pour racommoder leſdites Bierres de les
jetter ſur les Houblonnées, il ne pourra le faire qu'en préſence
des Commis qui en feront mention ſur la feüille du Braſſeur,
ainſi que de l'entonnement deſdites Bierres, ſitôt qu'il ſera fini ; pour après l'interpellation faite par les Commis, être par leſdits Commis fait les perquiſitions néceſſaires, le tout ſous
les peines ci-deſſus.

Article XXXVI.

Contraven-
tions.

Le Braſſeur qui ſera trouvé en contravention, pour avoir mis
le feu ſous quelques Chaudieres dans le jour, avant l'heure portée

tée par fa déclaration , & après l'arrivée des Commis : celui qui dépofera dans le jour la liqueur dans une Chaudiere non déclarée,excepté dans les cas ci-deffus exprimés ; ou qui entonnera pendant le jour avant l'heure portée par fa déclaration & fans avoir averti les Commis, Régiffeurs où Infpecteurs : celui qui fera trouvé avoir des Bierres guillantes & non marquées expofées à la vüe des Commis , fi ce n'eft que ces Bierres foient reconnües pour purures par la déguftation qui en aura été faite par les Commis : le Braffeur qui livrera de jour des Bierres fans être démarquées, ou chez lequel on trouvera des Bierres revenant de la Ville qui n'auront point été déclarées aux Commis, qui excéderoient le compte des Bierres fait la veille par lefdits Commis, feront pareillement condamnés en cent livres d'amende ; outre la confifcation des Marchandifes & uftanciles qui auront été employés aufdites contraventions.

Article XXXVII.

Mais les Braffeurs qui fe trouveront avoir mis le feu fous quelques Chaudieres, après le départ des Commis , & dont la Déclaration n'aura pas été portée au Bureau ; ceux qui dépoferont pendant la nuit la liqueur dans une Chaudiere non déclarée , excepté aux cas ci-deffus mentionnés : de même ceux des Braffeurs qui entonneront pendant la nuit , & dont la Déclaration n'aura été portée au Bureau que pour entonner le lendemain matin ; ainfi que ceux chez lefquels on trouvera des Bierres cachées ; même de nuit des Bierres guillantes , quoique dans des endroits expofés à la vüe des Commis, lefquelles Bierres ne leur auroient point été déclarées après l'entonnement fini pour être enrégiftrées & portées fur leur feuille : comme auffi ceux des Braffeurs qui livreront pendant la nuit des Bierres fans être marquées , encoureront les peines cy-après ; fçavoir, outre la faifie & confifcation des Bierres en contravention & des Chaudieres & autres ultenciles , ils feront condamnés en cinq cens livres d'amende pour la premiere fois , & exclus des bénéfices fur les Fermes & fur les Offices pendant l'année ; pour la feconde fois en mille livres d'amende avec pareille exclufion des bénéfices fur les Fermes & fur les Offices pendant l'année; & en quinze cens livres d'amende pour la troifiéme fois, outre pareille exclufion des bénéfices fur les Fermes & fur les Offices pendant l'année , même demeureront interdits du Commerce s'il y échet.   C

Fraudes.

ARTICLE XXXVIII.

Si l'on braſſe autrepart que chez ſoi.

Dans le cas où un Maître Braſſeur, ayant train de Braſſerie; feroit obligé d'aller braſſer chez un autre Braſſeur; les Déclararations de miſes de feu & d'entonnemens ne pourront être données qu'au nom de celui qui prêtera ſa Braſſerie; & ſera audit cas le Braſſeur qui prêtera ſa Braſſerie tenu & reſponſable en ſon propre & privé nom de toutes les contraventions & fraudes qui ſe pourroient commettre; même du payement de tous les droits.

Tous leſquels Articles Nous voulons & entendons qu'ils ſoient exécutez de rigueur, ſans que les peines y portées puſſent être réputées comminatoires; en conféquence que tous les Procès-verbaux de contravention, & contraintes, qui feront décernées contre les Maîtres Braſſeurs pour raiſon des droits d'Aydes, Octrois & de ceux appartenans aux Officiers de Viſiteurs Éſſayeurs, Controlleurs & Inſpecteurs des Bierres, ſoient portées en premiere Inſtance en l'Election, ſauf l'appel en notredite Cour des Aydes; & qu'à l'égard des autres conteſtations qui pourront ſurvenir à l'occaſion des Préſentes, elles ſoient portées en premiere inſtantance en la premiere Chambre de notredite Cour des Aydes, à laquelle nous attribuons à cet effet toute Cour, Juriſdiction & connoiſſance, & icelle interdiſons à toutes nos Cours & autres Juges; & quant aux conteſtations qui pourront naître au ſujet des Statuts de ladite Communauté des Maîtres Braſſeurs, Police intérieure d'icelle, jurande & entrepriſes qui pourroient être faites ſur la Profeſſion de Braſſeur, elles continueront d'être portées en premiere inſtance en la Chambre de Police du Châtelet, & par appel en notre Cour de Parlement de Paris. Si vous mandons que ceſdites Préſentes Vous ayez à faire lire publier & enrégiſtrer & le contenu en icelles, garder, obſerver & exécuter de point en point, ſelon leur forme & teneur, nonobſtant tous Arrêts & Réglemens & autres choſes à ce contraires, auſquelles Nous avons dérogé & dérogeons par ces Préſentes, aux Copies deſquelles collationnées par l'un de nos amez & féaux Conſeillers Sécretaires, Voulons que foi ſoit ajoutée comme aux Originaux : CAR tel eſt notre plaiſir. DONNE' à Verſailles le vingt ſixiéme jour de Mars, l'an de grace mil ſept cens quarante-huit,

& de notre Regne le trente-troisiéme. *Signé* LOUIS. *Et plus bas*, Par le Roi, PHELYPEAUX. Scellées du grand Sceau de cire jaune.

Regiſtrées en la Cour des Aydes, ouy & ce requerant le Procureur Général du Roy, pour eſtre exécutées ſelon leur forme & teneur ; Et que copies collationnées d'icelles, feront envoyées au Siége de l'Election de Paris, pour y étre lûes, publiées & Regiſtrées l'Audience tenant, enjoint au Subſtitut du Procureur Général du Roy audit Siége d'y tenir la main, & de certifier la Cour de ſes diligences au mois. Fait à Paris en la premiere Chambre de ladite Cour des Aydes, le ſix May mil ſept cent quarante-huit. Collationné, *Signé*, LE FRANC.

EXRAIT DES REGISTRES DU CONSEIL
d'Etat.

LE Roi s'étant fait repréſenter en ſon Conſeil, l'Arrêt rendu en icelui le quinze Août mil ſept cent quarante-ſept, par lequel il a été ordonné, que toutes les conteſtations qui naîtroient dans la ſuite dans la Communauté des Maîtres Braſſeurs de Bierres à Paris, même celles ſur leſquelles il y avoit eû des procédures commencées devant le Sieur Feydeau de Marville, Commiſſaire nommé par Sa Majeſté, par l'Arrêt de ſon Conſeil du neuf Septembre mil ſept cent quarante-deux, qui n'avoient point été décidées, feroient portées devant les Juges qui en doivent connoître comme auparavant ledit Arrêt; & Sa Majeſté étant informée que les conteſtations concernant la Régie & adminiſtration de la ſous-Ferme des Aydes, des Octrois & des Droits appartenans aux Offices de Viſiteurs, Eſſayeurs, Contrôleurs, & Inſpecteurs des Bierres avoient été portés en la Cour des Aydes de Paris, & qu'à cette occaſion, les Maîtres Braſſeurs qui paroiſſoient diviſés avoient dans la vûe de ſe réunir, & d'aſſurer une bonne & exacte Régie, déterminé de travailler à un nouveau projet de Réglement, qui renfermât non-ſeulement les précédentes délibérations homologuées par Arrêt du Conſeil concernant la Régie, mais qui contiendroit des diſpoſitions particulieres, néceſſaires à une plus exacte Régie, auſquelles il n'avoit point encore été prévû; & que pour en faire la rédaction, les deux Partis qui ſe trouvent dans la Communauté s'étoient ſervis de chacun un Conſeil, & avoient nommé ſix Maîtres d'entr'eux qui avoient reſpectivement fourni des Mémoires, fur lefquels ce nouveau projet contenant trente-huit articles a été dreffé après plufieurs conférences, & après avoir été approuvé unanimement, il a même été pris à cet effet le tren-te Janvier dernier une délibération de la Communauté qui l'approuve, & qui autorife le* Régiffeurs à obtenir des Lettres Paten-tes, & à en-fuivre l'Enregiftrement en la Cour des Aydes; cependant Louis-François,& Jean-Marie de Bourneuil,tous deux Maîtres Braffeurs avoient fait fignifier le même jour trente Janvier un acte, par lequel ils ont déclaré qu'ils s'oppofoient à toutes délibérations, à ce qu'il fut fait aucun nouveau Réglement relatif à la Régie, jufqu'à ce qu'il en eut été préalablement référé & communiqué au Châtelet, & au Parlement de Paris; ainfi qu'à toutes homo-logations qui en pourroient être pourfuivies, & que le trente-un du même mois de Janvier, Claude Poiffant, Louis Letrogneux, Pierre-François, auffi Maîtres Braffeurs, & autres, fe difant être au nombre de vingt Maîtres & quatre Veuves de Maîtres dénom-més & parties dans une prétendue délibération en forme d'acte d'union & affociation entre eux paffée hors du Bureau, & devant Tournois Notaire au Châtelet de Paris le vingt-neuf Novembre mil fept cent quarante-fix, ont fait affigner les quatre Régiffeurs actuels des Droits fur les Bierres en la Cour des Aydes, en vertu d'une Requête qu'ils y avoient préfentée, tendante, à être reçûs oppofans à deux délibérations de ladite Communauté des fept Décembre mil fept cent quarante-trois, & feize Juillet mil fept cent quarante-quatre, que faifant droit fur leur oppofition, & fans avoir égard aufdites délibérations, il fut ordonné, que tous & un chacun les Maîtres compofans ladite Communauté feroient cen-fés & réputés audit titre indiftinctement affociés au fous-Bail ac-tuel des Droits du Roi & de la Ville fur les Bierres, ainfi qu'à tous autres Baux qui pourront par la fuite être faits ou renouvellés, le tout tant à perte qu'à profit, fauf à ceux defdits Maîtres, qui prétendent, & juftifieront avoir fait quelque contribution de mife de fond en vertu defdites délibérations de les retirer de la Caiffe de la Communauté, fi fait n'a été, avant toute repartition, & qu'au furplus ils confentoient que les profits des précédentes an-nées, fi aucuns il y avoit eû, demeuraffent acquis à ceux des Maî-tres qui avoient fait lefdits fonds, & que les Maîtres exclus n'y puffent prendre part, comme par le paffé, qu'à compter du pre-mier Octobre dernier que commence l'année courante; comme auffi qu'à tous égards, & dans tous les cas, tous les Maîtres de la

Communauté indiſtinctement ſeroient appellés , auroient ſéance & voix délibérative à toutes les aſſemblées concernant les affaires de la Régie , Election des Régiſſeurs , nomination de Caiſſier , Commis & Officiers d'icelle : que poſtérieurement à cette Requête, leſdits François , de Bourneuil & Conſorts en avoient fait ſignifier une ſeconde le trois Février ſuivant, où ils prennent de plus amples concluſions tendantes , non-ſeulement à faire révoquer le projet de Réglement du trente Janvier dernier , mais à ſe faire payer de prétendus frais , avances , dépenſes , & faux frais qu'ils diſent avoir fait pour la révocation de l'attribution portée par l'Arrêt du Conſeil du neuf Septembre mil ſept cent quarante-deux, & le renvoi des conteſtations de la Communauté devant les Juges qui en doivent connoître , ſuivant les Mémoires qu'ils en fourni-ront , d'eux certifiés véritables ; & ce , ſur les deniers provenans de la Régie étant en Caiſſe : qu'ils ont encore fait ſignifier le même jour trois Février au Sieur Procureur Général à la Cour des Aydes leur oppoſition à l'Enregiſtrement de tous Réglemens ; & Sa Ma-jeſté s'étant fait rendre compte , tant de la délibération du ſept Décembre mil ſept cent quarante-trois, à laquelle leſdits Poiſſant, François , de Bourneuil & Conſorts ont conſenti , & qu'ils ont ſi-gnés , laquelle a été homologuée par Arrêt du Conſeil du dix-neuf Juin mil ſept cent quarante-quatre , que de celle du trente Janvier dernier , qui ne renferme que des diſpoſitions & des arrangemens pour une plus exacte Régie , auſquelles ils ont d'abord conſenti , & dont ils ne veulent s'écarter que pour éluder le payement des droits établis ſur les Bierres ; ces conſentemens , & approbation rendant leſdits Poiſſant , François , de Bourneuil & Conſorts non-recevables dans leurs oppoſitions , & demandes portées par leurs différentes Requêtes , & de telles démarches de leur part étant peu meſurées & tendantes à la ruine de la Communauté des Maîtres Braſſeurs , & pouvant devenir dans la ſuite préjudiciables aux Droits d'Aydes ſur les Bierres & autres , auxquelles elles ſont aſſujet-ties , ce que Sa Majeſté voulant prévenir & arrêter dans ſa ſource, Elle s'eſt déterminée de déclarer ſes intentions , tant pour ce qui concerne les oppoſitions & demandes deſdits Poiſſant , François , Bourneuil & Conſorts , que par rapport à la compétence des Juges qui doivent connoître des conteſtations qui ſurviendront concer-nant la Régie & adminiſtration de la ſous-Ferme des Aydes ſur les Bierres, des Octrois , & des Droits appartenans aux Offices de Vi-ſiteurs , Eſſayeurs , Contrôleurs & Inſpecteurs des Bierres : OUI le

Rapport du Sieur de Machault , Confeiller ordinaire au Confeil
Royal , Contrôleur Général des Finances ; LE ROI ETANT
EN SON CONSEIL , fans avoir égard aux oppofitions, defdits
Poiffant, François,de Bourneuil & Conforts Maîtres Braffeurs, des
trente Janvier, & trois Février mil fept cent quarante-huit , ni a
leurs Requêtes des trente-un defdits mois de Janvier , & trois Février dernier , dont Sa Majefté les a déboutés & déboute , ainfi
que de toutes autres oppofitions & Requêtes qu'ils pourroient préfenter contraires aux fufdites délibérations , en conféquence en
homologuant la délibération du trente Janvier dernier , pour être
exécutée felon fa forme & teneur ; ordonne ce qui fuit.

Article premier.

Régiffeurs.

ON continuera de faire régir la fous-Ferme des Droits du Roi
fur les Bierres , celle des Octrois, & les Droits attribués aux Offices de Vifiteurs , Effayeurs , & Contrôleurs des Bierres , par quatre Maîtres Braffeurs intéreffés aux Baux,qui feront élûs Régiffeurs,
ainfi qu'il a été fait jufqu'à préfent.

Article II.

Forme d'Elec-
tion des Ré-
giffeurs.

IL fera fait chaque année une affemblée de tous les Intéreffés
aux Baux pour procéder à l'élection de deux nouveaux Régiffeurs,
ainfi qu'il a été fait par la délibération du deux Janvier dernier ;
c'eft-à-dire , que des quatre qui font en place , les deux anciens
fortiront de la Régie , & les deux autres continueront la Régie
pendant le cours de l'année fuivante , avec les deux nouveaux qui
feront lors élus , & ainfi d'année en année , enforte que les deux
Régiffeurs nouvellement élus demeureront chargés de la Régie
pendant deux années de fuite.

Article III.

Election des
Régiffeurs.

ON ne pourra élire pour Régiffeurs ceux qui feront actuellement dans la Jurande , & on ne pourra élire pour Jurés ceux qui
font actuellement chargés de la Régie , afin que les Régiffeurs puiffent vacquer avec plus d'attention aux fonctions de la Régie.

Article IV.

Travail des
Régiffeurs.

LES quatre Régiffeurs s'affembleront une fois la femaine au

Bureau pour y délibérer entr'eux des affaires de la Régie, & fur les Procès-verbaux qui leur feront rapportés par les Commis ; & les affaires feront fuivies ou abandonnées, conformément aux réfultats defdits Régiffeurs, conjointement avec le Confeil de la Régie, dont il fera fait acte fur le Regiftre des Délibérations, & tous les Procès-verbaux feront confervés & remis dans l'armoire de la Compagnie, fans qu'ils puiffent être fupprimés.

Article V.

LES quatre Régiffeurs nommeront chaque femaine cinq Infpecteurs du nombre des autres Braffeurs intéreffés aux Baux, ainfi qu'il s'eft pratiqué par le paffé ; fçavoir, un pour le Fauxboug S. Germain, deux pour le Fauxbourg Saint Antoine, & deux pour les Fauxbourgs Saint Marcel & Saint Victor ; lefquels Infpecteurs demeureront autorifés de fe tranfporter dans les Brafferies pour y fuivre, ainfi que les Régiffeurs, l'exercice des Commis, & y faire des Vifites, foit en particulier, foit avec les Commis, dans toutes les maifons des Braffeurs & lieux en dépendans à telles heures qu'ils jugeront néceffaires, avec défenfes à tous Braffeurs, & à leurs garçons, dont les Maîtres feront refponfables, de troubler les Regiffeurs, Infpecteurs, & Commis dans leurs fonctions, fous peine de cinq cent livres d'amende.

Article VI.

IL fera par la Compagnie fait un état des frais de Régie & gratifications ordinaires, qui fervira de régle pour les dépenfes, que le Caiffier fera autorifé de payer fur les ordres des Régiffeurs, les gratifications ordinaires feront accordées par les Régiffeurs à la pluralité des voix, & en cas de partage entr'eux, ils appelleront les Jurés pour les départager : à l'égard de la dépenfe extraordinaire concernant la Régie, & les gratifications extraordinaires, & autres, elles feront reglées par les quatre Régiffeurs & les trois Jurés.

Article VII.

LE nombre des Commis fera fixé à neuf outre le Caiffier-Directeur, & un Ambulant ; fçavoir, trois pour le département du Fauxbourg Saint Antoine, deux pour celui du Fauxbourg Saint

Germain, & quatre pour ceux de Saint Victor & Saint Marcel, qui feront réunis en un feul ; & à cet effet, il fera établi un Bureau pour les Commis dans le lieu le plus commode, & le plus à-porté des Brafferies des Fauxbourgs de Saint Victor & de Saint Marcel.

ARTICLE VIII.

Nomination des Commis. LA nomination des Commis appartiendra aux Régiffeurs qui en feront le choix entr'eux à la pluralité des voix, & en cas de partage des voix, ils appelleront avec eux les trois Jurés pour faire ladite nomination, laquelle audit cas paffera à la pluralité des voix entre les Régiffeurs, & les Jurés.

ARTICLE IX.

Interdiction & deftitution des Commis. LES Régiffeurs pourront interdire les Commis pour tel tems & tel cas qu'ils le jugeront àpropos fans y appeller les Jurés, fi ce n'eft qu'ils fuffent partagés entr'eux, auquel cas ils feront tenus d'appeller les Jurés pour les départager comme dans l'article précédent ; mais ils feront tenus d'appeller les Jurés pour deftituer entierement les Commis qui feront en place, afin d'en délibérer entre eux à la pluralité des voix.

ARTICLE X.

Nomination des Commis. LES Régiffeurs ne pourront nommer aucun Commis par anticipation, mais feulement lorfqu'une des places fera vacante.

ARTICLE XI.

Qui font ceux qui font intéreffés aux Baux. IL n'y aura d'intéreffés dans les Baux des fous-Fermes & des Octrois que les Maîtres, & Veuves de Maîtres qui ont train de Brafferie, qui ont fait leurs fonds dans lefdits Baux, fuivant & conformément aux délibérations des fept Décembre mil fept cent quarante-trois, & feize Juillet mil fept cent quarante-quatre.

ARTICLE XII.

Qui font ceux qui font reputés avoir train de Brafferie. NUL ne fera réputé avoir train de Brafferie, qu'il n'ait braffé au moins deux cent muids de Bierre dans le courant de l'année, à

commencer

commencer du premier Octobre dernier , jufqu'au dernier Septembre prochain , & ainfi d'année en année.

Article XIII.

Ne feront pareillement réputés avoir train de brafferie , les enfans des Maîtres qu'ils ne foient âgés de vingt ans accomplis, qu'ils ne faffent commerce féparé de celui de leurs pere & mere, que leur brafferie particuliere ne foit dans une autre maifon & féparée de la brafferie de leurs pere & mere, au moins par deux maifons, & qu'ils n'habitent réellement, & de fait dans la maifon où ils font leurs braffins ; à l'exception des anciennes brafferies établies avant vingt ans ; lefquelles, quoique mitoyennes , pourront fubfifter , & être occupées par des enfans qui auront leurs pere & mere à côté d'eux ; à la charge 1°. que les enfans habiteront en perfonne la brafferie avec les garçons fervants à ladite brafferie , & à leurs gages ; 2°. Qu'ils ne pourront fe fervir du train de brafferie, ni des domeftiques, chevaux , & harnois appartenans & fervans à la brafferie de leurs pere & mere ; 3°. Qu'il n'y aura aucune communication , ni iffue entre les deux brafferies.

Idem.

Article XIV.

On n'admettera point pareillement pour l'avenir aufdits Baux les enfans de Maîtres s'ils ne font âgés pour le moins de vingt ans accomplis ou émancipés par mariage , & s'ils n'ont train de brafferie féparé de celui de leurs pere & mere fuivant l'article ci-deffus ; & néanmoins le fils d'un Braffeur âgé de douze ans & reçu ou fe faifant recevoir Braffeur en cas de décès de fon pere & de fa mere pourra être admis aux baux, en foufcrivant par le Tuteur qui lui fera nommé en Juftice, & avec l'avis de fes parens , les engagemens contractés pour raifon defdits baux ; fans néanmoins qu'il puiffe être admis aux délibérations concernant la Régie, qu'il ne foit âgé de vingt ans accomplis , fuivant l'article ci-deffus, encore bien qu'il fut émancipé , même par mariage.

Enfans des Maîtres.

Article XV.

Les Maîtres qui n'auront pas braffé deux cent muids de Bierre dans l'année , ne feront point admis au profit de la répartition de

Qui font ceux qui auront part aux repartitions.

D

la Ferme, encore qu'ils foient intéreffés aufdits baux : mais fi l'année fuivante ils braffent deux cent muids, ils y feront admis ; & où il y auroit de la perte dans ladite année où le Braffeur n'aura pas braffé deux cent muids, en ce cas la portion qu'il doit fupporter de la perte fera prife fur fon fonds d'avance, & il fera obligé de remplacer ce qui manquera de fon fonds, & ce, dans le mois, à compter du jour de la dénonciation qui lui fera faite à la Requête des Régiffeurs de l'arrêté du compte de ladite année, finon il demeurera déchu du bail, & le furplus de fon fonds lui fera rendu.

ARTICLE XVI.

Le Braffeur ne fera aucun autre commerce.

LES Maîtres qui font ou feront attachés à un autre commerce que celui de la brafferie, & notamment ceux qui tiendront fabrique de Cidre, & de Poirée feront exclus des baux.

ARTICLE XVII.

Droits des Offices d'Effayeurs &c.

LES Maîtres qui ne font point intéreffés dans les baux de la fous-Ferme, & des Octrois, faute d'avoir fait leurs fonds fuivant l'article onze, & les délibérations énoncées audit article, ne feront pour ce, exclus des Droits des Offices d'Effayeurs, Contrôleurs, & Vifiteurs des Bierres ; mais l'exclufion des baux pour les autres cas mentionnés ci-après & la décheance du profit annuel d'iceux, emportera pareillement l'exclufion & la déchéance dans les droits defdits Offices.

ARTICLE XVIII.

Affemblées, Billets de convocation & délibération.

IL ne fera appellé aux affemblées, foit pour l'élection des Régiffeurs, nomination d'un Caiffier ou autres affaires concernant la Régie, que les Maîtres intéreffés aux baux, & qui n'en auront point été exclus pour les caufes mentionnées aux articles ci-après ; & les billets de convocation contiendront la Caufe, pour laquelle la convocation doit être faite ; & toutes délibérations qui feroient prifes ailleurs qu'au bureau, demeureront nulles & de nul effet.

ARTICLE XIX.

Délibérations.

NE feront pareillement admis aufdites délibérations, ceux des Maîtres qui font attachés à d'autres commerces que celui de la bra⌠erie, ou qui ne bra⌠ent pas d'ordinaire au moins deux cent muids de bierre par an.

Article XX.

Les Maîtres qui n'auront point atteint l'âge de vingt ans, quoi-qu'ils ſoient intéreſſés aux baux, & quoiqu'ils ayent train de braſſe-rie, ne pourront être appellés aux aſſemblées, & à l'égard des Veu-ves qui ont continué leur commerce depuis la mort de leur mari, elles ſeront ſeulement appellées aux aſſemblées dans leſquelles il s'agira de renouvellement de baux, & de prendre des engagemens nouveaux & ſolidaires avec les autres intéreſſés aux baux.

Article XXI.

Dans toutes les aſſemblées où il ſera uniquement queſtion de traiter des affaires concernant les Offices d'Eſſayeurs des Bierres, de la reddition des Comptes des Droits attribués auxdits Offices, ſeront appellés tous les Maîtres qui ont train de braſſerie, quoique non intéreſſés aux baux.

Article XXII.

Les Maîtres ſeront tenus de ſe trouver aux aſſemblées à l'heure qui ſera indiquée par les billets de convocation, s'ils n'ont aucun empêchement légitime, dont ils informeront l'aſſemblée ; & tout ce qui aura été délibéré par les Maîtres préſens, vaudra com-me ſi tous les Maîtres avoient délibéré, pourvû que ladite délibé-ration ſoit ſignée au moins de dix des Maîtres qui y auront été préſens.

Article XXIII.

Lorsque quelques-uns des Maîtres cauſeront du trouble dans les aſſemblées, les Maîtres préſens, pourvû qu'ils ſoient au nombre de dix, pourront délibérer ſur le Regiſtre, que celui qui aura cauſé du trouble, ſera exclu des aſſemblées pendant l'eſpace de trois mois ; & en cas de récidive, pour ſix mois, & dès-lors ledit Maître n'y ſera plus reçu, & ſera privé de voix délibérati-ve pendant ledit tems.

Article XXIV.

Payement des Droits.

Les Maîtres feront tenus de payer exactement & indiftinctement tous les droits fur les Bierres qu'ils auront braffées, & ce, de mois en mois, en forte que dans la quinzaine après le mois qui fuivra celui pendant lequel les braffins auront été faits, tout ledit mois dû, fera payé; mais à l'égard des Bierres qui feront braffées dans les mois de Février, Mars, & Avril, ledit délai fera prorogé de quinzaine; en forte que tous les droits pour les Bierres braf-fées dans le mois de Février foient payés dans le courant du mois d'Avril; que pour celles qui feront braffées dans le mois de Mars, ils foient payés dans le courant du mois de Mai, & que pour celles qui feront braffées dans le mois d'Avril, ils foient entierement payés dans le mois de Juin fuivant.

'Article XXV.

Peines du dé-faut de paye-ment des Droits.

Les Maîtres qui n'auront point payé les droits dans les délais portés en l'article précédent, feront déchus de plein droit du béné-fice de la repartition du produit des fous-baux pendant l'année, & feront privés de toute voix active & paffive dans les affemblées pendant ladite année, fans que ladite peine puiffe être reputée comminatoire, mais de rigueur abfolue après lefdits délais ex-pirés.

Article XXVI.

Idem.

Outre la déchéance portée dans l'Article précédent à l'expira-tion des termes cy-deffus, les Régiffeurs feront tenus de faire un commandement aux Maîtres qui n'auront pas payé les droits par eux dûs, d'y fatisfaire; & faute par lefdits Maîtres d'acquitter les droits dans la huitaine du jour du commandement, ils ne pour-ront braffer aucune Bierre, & toute déclaration leur fera refu-fée jufqu'à ce qu'ils ayent entierement payés les droits par eux dus; le tout fans préjudice des contraintes qui pourront être décernées & exécutées contre les Débiteurs defdits droits, en la maniere ordinaire.

Article XXVII.

Obligations

Pour procurer l'exécution pleine & entiere des précédens Articles, à l'expiration des délays portés par l'Article vingt-quatre, les Régisseurs feront faire par le Caissier un état de ceux qui n'auront pas satisfait au payement des droits, lequel état sera certifié par ledit Caissier, visé par les Régisseurs, & les Jurés qui seront appellés à cet effet, & seront tenus lesdits Régisseurs de faire exécuter indistinctement contre tous les Maîtres le contenu aux précédens Articles, notamment en ce qui concerne la cessation de la Brasserie, à peine de tous dépens, dommages & intérêts, même de destitution contre les Régisseurs, s'il y échet.

des Régisseurs contre les redevables des droits.

Article XXVIII.

ET afin que les Régisseurs montrent les premiers l'exemple aux autres Maîtres, il sera tenu par le Caissier un petit Régistre sur lequel sera inscrit par chaque mois le produit des droits dus par chacun desdits Régisseurs, en marge duquel feront transcrits les payemens par eux faits relativement au Régistre journal du Caissier, & qui sera vérifié & constaté par les Jurés de la Communauté au commencement de chaque mois, & feront lesdits Régisseurs en cas de défaut de payement soumis aux peines établies ci-devant contre les autres redevables, & en outre destitués de la régie, & feront poursuivis à cet effet à la Requête des Jurés de la Communauté qui y feront autorisés.

Peines contre les Régisseurs, faute de payement des droits.

Article XXIX.

LE Receveur rendra chaque année deux comptes particuliers, dont celui qui renfermera le produit des Baux de la Sous-Ferme & des Octrois, sera rendu dans le courant du mois de Décembre de chaque année ; & l'autre qui contiendra le produit des droits des Offices d'Essayeurs, sera rendu dans le courant du mois de Mars après l'expiration de l'année ; & feront les frais de régie portés en dépense dans lesdits comptes au prorata de la perception desdits droits ; & à l'égard des autres frais tels que les loyers de Bureau, bois, lumiere, & autres frais, ils feront payés ; sçavoir, moitié par les Intéressés aux baux, un quart par les Essayeurs, & l'autre quart par la Communauté.

Reddition des comptes par le Caissier.

Article XXX.

Les Brasseurs en faisant leurs Déclarations par écrit de la quantité des chaudieres où ils entendent brasser, seront tenus de faire mention dans leurs Déclarations, s'ils entendent brasser en Bierre rouge ou blanche ; & le Directeur & les Commis ne recevront d'autres Déclarations que celles qui feront mention de cette distinction, à peine d'interdiction contre les Commis, & soit que les Brasseurs ayent déclaré brasser dans une ou dans deux chaudieres, il leur sera permis d'allumer du feu sous une seconde, & sous une troisiéme ; à condition que lorsqu'ils brasseront enBierre blanche, ils ne pourront déposer ni recuire la liqueur que dans les mêmes chaudieres où ils auront déclaré brasser ; & lorsqu'ils brasseront en Bierre rouge ils pourront faire recuire la liqueur dans une chaudiere de plus, que celle où celles dans lesquelles ils auront déclaré brasser ; & néanmoins ils feront tenus de faire rentrer toute la liqueur dans les chaudieres où ils auront déclaré brasser, le lendemain de la mise du feu avant trois heures de relevée, à peine contre les contrevenans de confiscation, & de cent livres d'amende. Sera néanmoins permis aux Brasseurs de changer leur Déclaration de brasser en bierre rouge ou blanche, en avertissant le Directeur au Bureau dans les six heures qui suivront celle de la Déclaration de mise de feu.

Article XXXI.

Les Brasseurs qui voudront faire de la petite Bierre, seront tenus lors des avertissemens qu'ils donneront, de l'heure qu'ils mettront le feu sous leurs chaudieres, & de l'entonnement, de déclarer par le même acte qu'ils entendent faire de la petite Bierre fur le même feu, & l'heure de l'entonnement de la petite Bierre ; auquel cas ils pourront faire ladite petite Bierre en telle quantité qu'ils jugeront à propos en payant les droits auxquels ladite petite Bierre est sujette sur le pied de l'entonnement seulement ; à condition néanmoins qu'elle ne pourra être déposée pour recuire, que dans une des chaudieres où on aura déclaré brasser ; sans que ladite petite Bierre puisse servir à parfaire l'épallement de la forte Bierre, le tout sous les peines portées par le précédent Article.

Article XXXII.

Les Braffeurs ne pourront entonner leurs Bierres, qu'aux heures portées par l'Ordonnance, & en préfence des Commis ; & néanmoins dans le cas où par un tems froid ils feroient forcés d'entonner une heure avant l'arrivée des Commis, ils ne pourront commencer l'entonnement fans en avoir averti le Régiffeur du quartier, ou à fon défaut l'Infpecteur, fous les peines de l'Article précédent ; & dans le cas où le Braffeur feroit forcé de retarder fon entonnement jufqu'après le départ des Commis, le Braffin fera évalué par les Commis au plus fort produit des entonnemens qu'il aura fait pendant le cours de l'année, & les Commis feront dans le lendemain le recollement dudit Braffin évalué, pour charger le Maître de l'excédent s'il y en a

Article XXXIII.

Lorsque l'entonnement fera fait, les piéces feront remplies fans que l'on puiffe employer au rempliffage plus de dix pintes de liqueur ; & fans qu'il puiffe en être verfé dans les bacquets geullebés & autres vaiffeaux, & dans le cas où les Commis n'auroient pas pû être préfens à l'entonnement, ils feront tenus de faire purer le bacquet qui leur paroîtra le plus plein pour remettre la liqueur qui en fera purée dans la piéce dont elle fera fortie ; & fi après la piéce remplie il fe trouvoit plus de huit à dix pintes de refte, ce refte fera évalué & confifqué, & le Braffeur condamné en cent livres d'amende.

Article XXXIV.

Ne pourront les Braffeurs faire enlever les Bierres de chez eux fi elles ne font démarquées, & néanmoins chaque Maître Braffeur pourra avoir chez lui jufqu'à dix-huit piéces de Bierre démarquées qui lui refteront le foir après la retraite des Commis, pour lui faciliter la plus prompte livraifon ; defquelles démarques le Commis fera mention fur fa feuille : bien entendu que les Maîtres Braffeurs vendans en détail, ne pourront avoir dans leurs caves, & autres magafins de détail aucunes Bierres démarquées ; mais toutes en plein ; le tout aux mêmes peines que deffus.

ARTICLE XXXV.

LES Braſſeurs ne pourront avoir chez eux des Bierres revenant de la Ville ſans en avertir les Commis, au moment, où tout au moins dans les vingt-quatre heures de leur arrivé, pour être leſdites Bierres repriſes en-venûe par les Commis ; & en cas que le Braſſeur juge à propos pour raccommoder leſdites Bierres de les jetter ſur les houblonnées, il ne pourra le faire qu'en préſence des Commis qui en feront mention ſur la feuille du Braſſeur, ainſi que de l'entonnement deſdites Bierres ſitôt qu'il ſera fini ; pour après l'interpellation faite par les Commis, être par leſdits Commis fait les perquiſitions néceſſaires ; le tout ſous les peines ci-deſſus.

ARTICLE XXXVI.

LE Braſſeur qui ſera trouvé en contravention pour avoir mis le feu ſous quelques chaudieres dans le jour, avant l'heure portée par ſa Déclaration & après l'arrivée des Commis : celui qui dépoſera dans le jour la liqueur dans une chaudiere non déclarée, excepté dans les cas ci-deſſus exprimés : ou qui entonnera pendant le jour avant l'heure portée par ſa Déclaration, & ſans avoir averti les Commis, Régiſſeurs, ou Inſpecteurs : celui qui ſera trouvé avoir des Bierres guillantes, & non marquées, expoſées à la vûe des Commis, ſi ce n'eſt que ces Bierres ſoient reconnûes pour purures par la deguſtation qui en aura été faite par les Commis : le Braſſeur qui livrera de jour des Bierres ſans être démarquées, où chez lequel on trouvera des Bierres revenant de la Ville qui n'auront pas été déclarées aux Commis, qui excéderoient le compte des Bierres fait la veille par leſdits Commis, ſeront pareillement condamnés en cent livres d'amende : outre la confiſcation des marchandiſes & uſtenciles qui auront été employés auſdites contraventions.

ARTICLE XXXVII.

MAIS les Braſſeurs qui ſe trouveront avoir mis le feu ſous quelques chaudieres après le départ des Commis, & dont la Déclaration n'aura pas été portée au Bureau. Ceux qui dépoſeront pendant la nuit la liqueur dans une chaudiere non déclarée, excepté

cepté aux cas cy-deſſus mentionnés : de même ceux des Braſſeurs qui entonneront pendant la nuit , & dont la Déclaration n'aura été portée au Bureau que pour entonner le lendemain matin ; ainſi que ceux chez leſquels on trouvera des bierres cachées ; même de nuit des bierres guillantes , quoique dans des endroits expoſés à la vûe des Commis , leſquelles bierres ne leur auroient point été déclarés après l'entonnement fini , pour être enrégiſtrées & portées ſur leur feuille ; comme auſſi ceux des Braſſeurs qui livrèront pendant la nuit des bierres ſans être marquées , encoureront les peines ci-après : ſçavoir , outre la ſaiſie & confiſcation des bierres en contravention & des chaudieres & autres uſtenciles , ils ſeront condamnés en cinq cent livres d'amende pour la premiere fois & exclus des bénéfices ſur les Fermes , & ſur les Offices pendant l'année ; pour la ſeconde fois en mille livres d'amende avec pareille excluſion des bénéfices ſur les Fermes & ſur les Offices pendant l'année ; & en quinze cens livres d'amende pour la troiſiéme fois , outre pareille excluſion des bénéfices ſur les Fermes , & ſur les Offices pendant l'année ; même demeureront interdits du commerce s'il y échet.

Article XXXVIII.

Dans le cas où un Maître Braſſeur ayant train de braſſerie , ſeroit obligé d'aller braſſer chez un autre Braſſeur ; les Déclarations de miſe de feu & d'entonnement , ne pourront être données qu'au nom de celui qui prêtera ſa braſſerie ; & ſera audit cas le Braſſeur qui prêtera ſa braſſerie , tenu & reſponſable en ſon propre & privé nom , de toutes les contraventions & fraudes qui ſe pourroient commetre , même du payement de tous les droits.

Si l'on braſſe autrepart que chez ſoi.

Veut & entend Sa Majeſté , que tous leſdits Articles ci-deſſus ſoient exécutés de rigueur , ſans que les peines y portées puiſſent être reputées comminatoires ; & en conſéquence que tous les Procès-verbaux de contravention & contraintes, qui ſeront décernées contre les Maîtres Braſſeurs , pour raiſon des droits d'Aydes des Octrois & des droits appartenans aux Offices, de Viſiteurs, Eſfayeurs, Contrôleurs & Inſpecteurs des bierres , ſoient portés en premiere inſtance en l'Election , ſauf l'appel en la Cour des Aydes ; & qu'à l'égard des autres conteſtations qui pourront ſurvenir à

l'occafion du préfent Réglement ; elles feront portées en premiere inftance en la premiere Chambre de la Cour des Aydes, Sa
Majefté lui en attribuant cet effet toute Cour, Jurifdiction &
Connoiffance, & icelles interdifant à toutes fes Cours, & autres
Juges, & à l'égard des conteftations qui naîtront au fujet des
Statuts de ladite Communauté, Police intérieure, jurande, & en-
treprifes qui feront faites fur la profeffion des Braffeurs, ordonne Sa Majefté qu'elles continueront d'être portées en premiere
inftance en la Chambre de Police du Châtelet, & par appel au
Parlement de Paris ; & feront fur le préfent Arrêt toutes Lettres
néceffaires expédiées. Fait au Confeil d'Etat du Roi, tenu à
Verfailles le vingt-fixiéme jour de Mars mil fept cent quarante-
huit. PHELIPEAUX.